Impressum
Verlag: BABADADA GmbH, Nedderfeld 112 , 22529 Hamburg
Geschäftsführer / Verlagsleitung: Harald Hof
Druck: Books on Demand GmbH, In de Tarpen 42, 22848 Norderstedt

Imprint
Publisher: BABADADA GmbH, Nedderfeld 112 , 22529 Hamburg, Germany
Managing Director / Publishing direction: Harald Hof
Print: Books on Demand GmbH, In de Tarpen 42, 22848 Norderstedt, Germany

Szkoła
школа

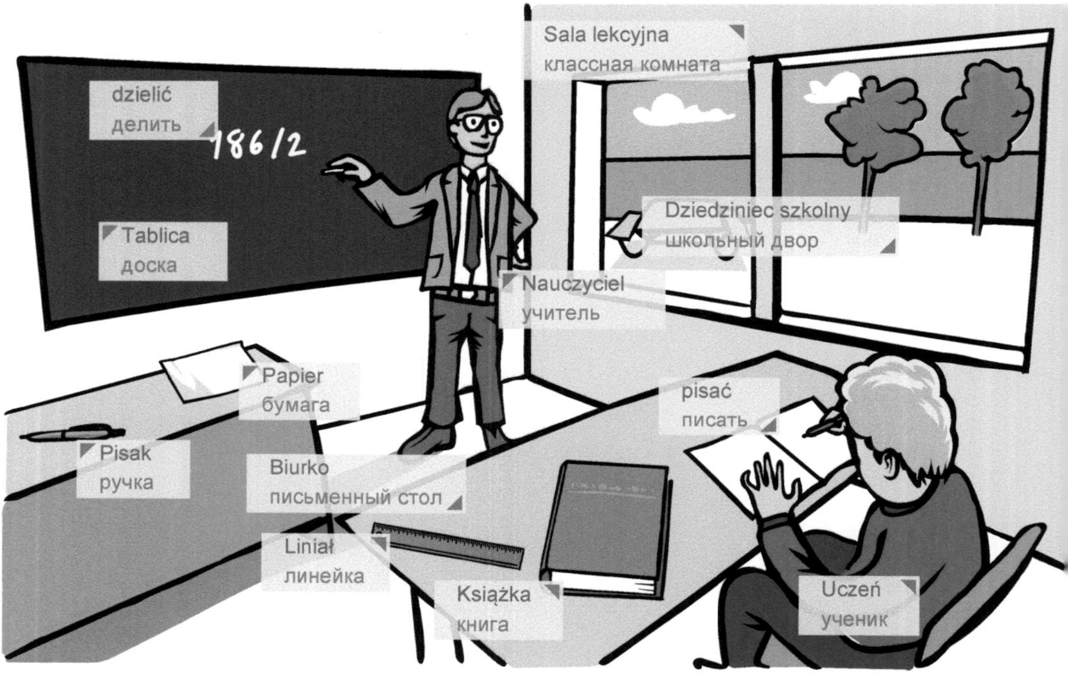

Sala lekcyjna
классная комната
dzielić
делить
186/2
Tablica
доска
Dziedziniec szkolny
школьный двор
Nauczyciel
учитель
Papier
бумага
pisać
писать
Pisak
ручка
Biurko
письменный стол
Liniał
линейка
Książka
книга
Uczeń
ученик

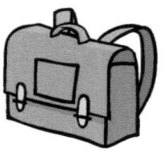

Plecak szkolny

ранец

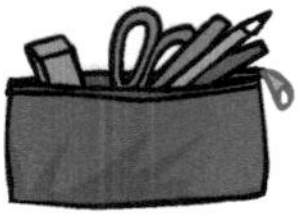

Piórnik

пенал

Ołówek

карандаш

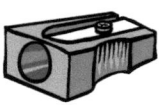

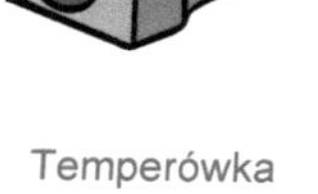

Temperówka

точилка

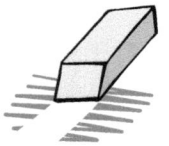

Gumka do mazania

ластик

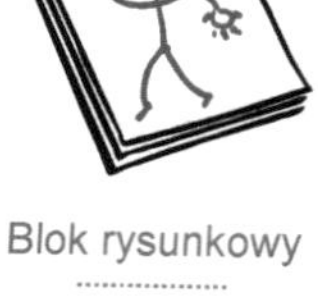

Blok rysunkowy

альбом для рисования

Rysunek

рисунок

Pędzel

кисточка

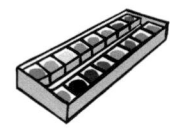

Pudełko z akwarelami

коробка красок

Nożyce

ножницы

Klej

клей

Książka do ćwiczenia

тетрадь

Zadanie domowe

домашняя работа

Liczba

цифра

dodawać

прибавлять

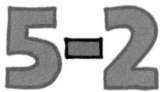

odejmować

вычитать

mnożyć

умножать

liczyć

считать

Litera

буква

Alfabet

алфавит

Słowo

слово

Tekst

текст

czytać

читать

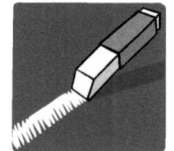

Kreda

мел

Godzina

урок

Dziennik lekcyjny

классный журнал

Egzamin

экзамен

Świadectwo

диплом

Mundurek szkolny

школьная форма

Wykształcenie

образование

Leksykon

энциклопедия

Uniwersytet

университет

Mikroskop

микроскоп

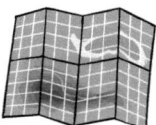

Mapa

карта

Kosz na odpadki

корзина для бумаг

Podróż

путешествие

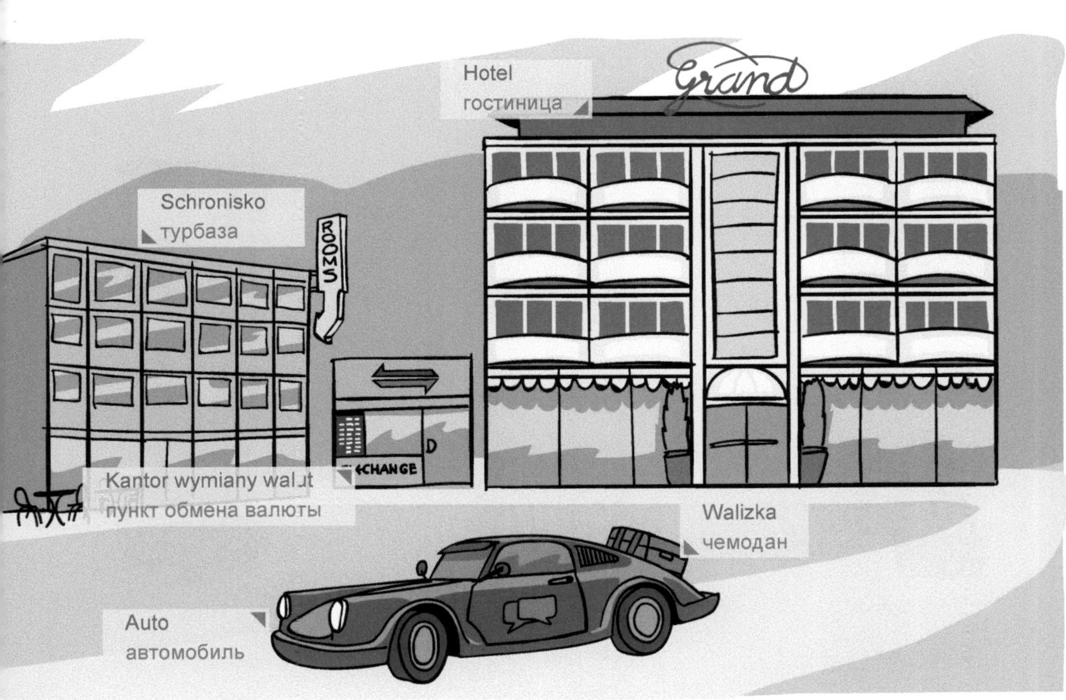

Hotel
гостиница
Grand
Schronisko
турбаза
ROOMS
Kantor wymiany walut
пункт обмена валюты
Walizka
чемодан
Auto
автомобиль

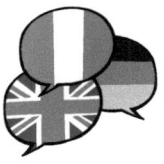

Język

язык

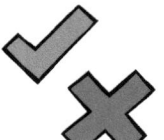

tak / nie

да / нет

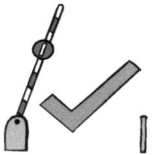

OK

хорошо

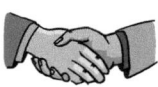

Halo

Привет

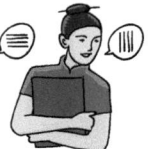

Tłumacz

переводчик

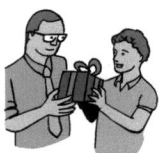

Dziękuję

Спасибо

Ile kosztuje ...?

Сколько стоит...?

Nie rozumiem

Я не понимаю

Problem

проблема

Dobry wieczór!

Добрый вечер!

Dzień dobry!

Доброе утро!

Dobranoc!

Доброй ночи!

Do widzenia

До свидания

Kierunek

направление

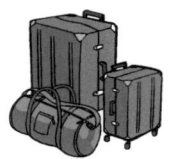

Bagaż

багаж

Torba

сумка

Plecak

рюкзак

Gość

гость

Pokój

комната

Śpiwór

спальный мешок

Namiot

палатка

Informacja turystyczna

туристическая
информация

Plaża

пляж

Karta kredytowa

кредитная карточка

Śniadanie

завтрак

Obiad

обед

Kolacja

ужин

Bilet

билет

Winda

лифт

Znaczek na list

почтовая марка

Granica

граница

Cło

таможня

Ambasada

посольство

Wiza

виза

Paszport

паспорт

Transport
транспорт

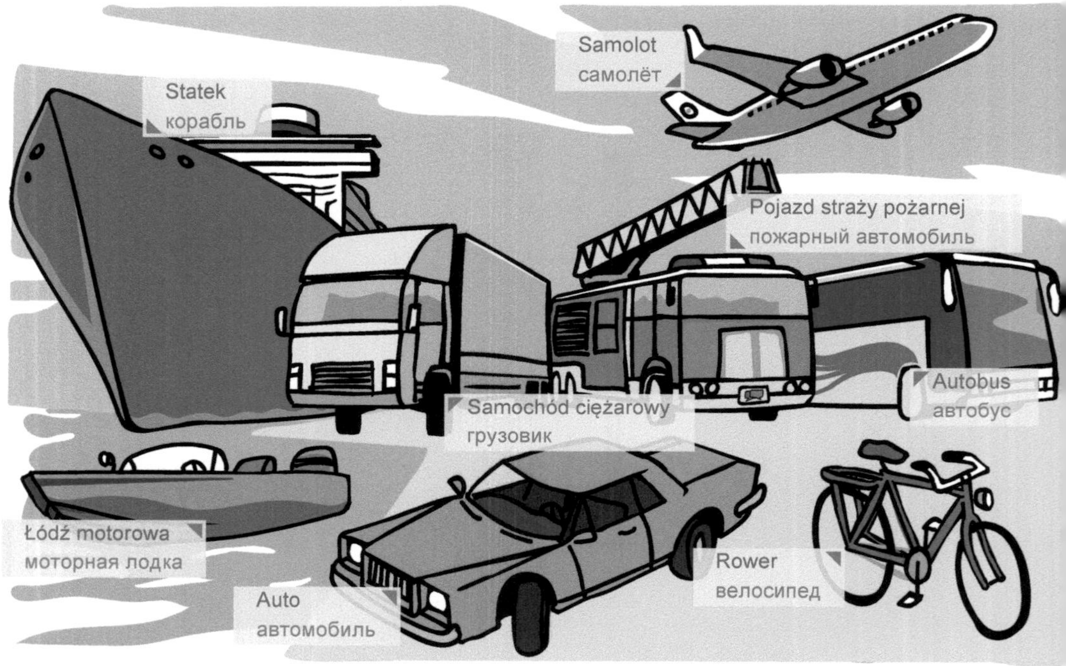

Samolot
самолёт
Statek
корабль
Pojazd straży pożarnej
пожарный автомобиль
Autobus
автобус
Samochód ciężarowy
грузовик
Łódź motorowa
моторная лодка
Rower
велосипед
Auto
автомобиль

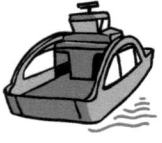

Prom

паром

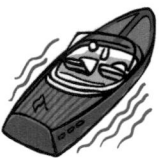

Łódź

лодка

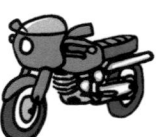

Motocykl

мотоцикл

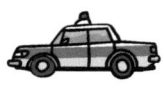

Radiowóz policyjny

полицейский автомобиль

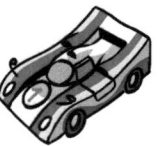

Samochód wyścigowy

гоночный автомобиль

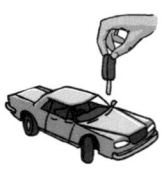

Samochód wypożyczony

арендованный автомобиль

Wspólne przejazdy samochodem

совместное пользование автомобилями

Samochód pomocy drogowej

буксировочный автомобиль

Śmieciarka

мусоровоз

Silnik

двигатель

Benzyna

топливо

Stacja benzynowa

заправка

Znak drogowy

дорожный знак

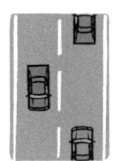

Ruch

движение

Korek

пробка

Parking

автостоянка

Dworzec

вокзал

Szyny

рельсы

Pociąg

поезд

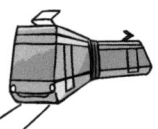

Tramwaj

трамвай

Wagon

вагон

Helikopter

вертолёт

Lotnisko

аэропорт

Wieża

вышка

Pasażer

пассажир

Kontener

контейнер

Karton

коробка

Taczka

тележка

Kosz

корзина

startować / lądować

взлетать / приземляться

Miasto

город

Wieś

деревня

Centrum miasta

центр города

Dom

дом

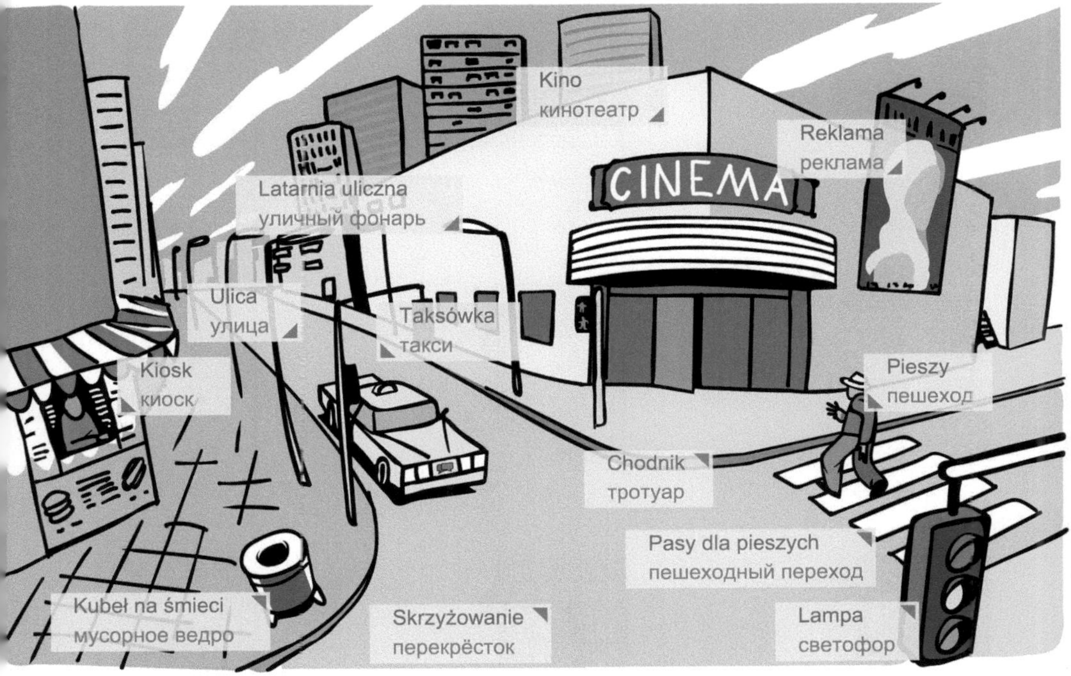

Kino
кинотеатр

Reklama
реклама

Latarnia uliczna
уличный фонарь

CINEMA

Ulica
улица

Taksówka
такси

Pieszy
пешеход

Kiosk
киоск

Chodnik
тротуар

Pasy dla pieszych
пешеходный переход

Kubeł na śmieci
мусорное ведро

Skrzyżowanie
перекрёсток

Lampa
светофор

Chata

хижина

Mieszkanie

квартира

Dworzec

вокзал

Ratusz

ратуша

Muzeum

музей

Szkoła

школа

Uniwersytet

университет

Bank

банк

Szpital

больница

Hotel

гостиница

Apteka

аптека

Biuro

офис

Księgarnia

книжный магазин

Sklep

магазин

Kwiaciarnia

цветочный магазин

Supermarket

супермаркет

Rynek

рынок

Dom towarowy

универмаг

Sklep z rybami

торговец рыбой

Centrum handlowe

торговый центр

Port

порт

Park

парк

Ławka

скамейка

Most

мост

Schody

лестница

Metro

метро

Tunel

тоннель

Przystanek autobusowy

автобусная остановка

Bar

бар

Restauracja

ресторан

Skrzynka na listy

почтовый ящик

Tabliczka z nazwą ulicy

табличка с названием
улицы

Parkometr

паркометр

Zoo

зоопарк

Łaźnia

бассейн

Meczet

мечеть

Gospodarstwo chłopskie

ферма

Zanieczyszczenie środowiska

загрязнение окружающей среды

Cmentarz

кладбище

Kościół

церковь

Plac zabaw

детская площадка

Świątynia

храм

Krajobraz
ландшафт

Liść
лист

Drogowskaz
дорожный указатель

Droga
дорога

Łąka
луг

Kamień
камень

Drzewo
дерево

Wędrowiec
путешественник

Rzeka
река

Trawa
трава

Kwiat
цветок

Dolina

долина

Góra

гора

Jezioro

озеро

Las

лес

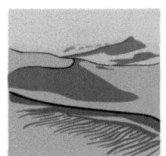

Pustynia

пустыня

Wulkan

вулкан

Zamek

замок

Tęcza

радуга

Grzyb

гриб

Palma

пальма

Komar

комар

Mucha

муха

Mrówka

муравей

Pszczoła

пчела

Pająk

паук

Krajobraz - ландшафт

Chrząszcz

жук

Żaba

лягушка

Wiewiórka

белка

Jeż

еж

Zając

заяц

Sowa

сова

Ptak

птица

Łabędź

лебедь

Dzik

кабан

Jeleń

олень

Łoś

лось

Tama

плотина

Wiatrak

ветряной генератор

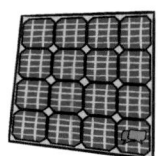

Moduł solarny

солнечная батарея

Klimat

климат

Restauracja

ресторан

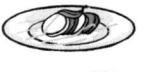

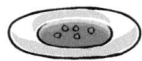

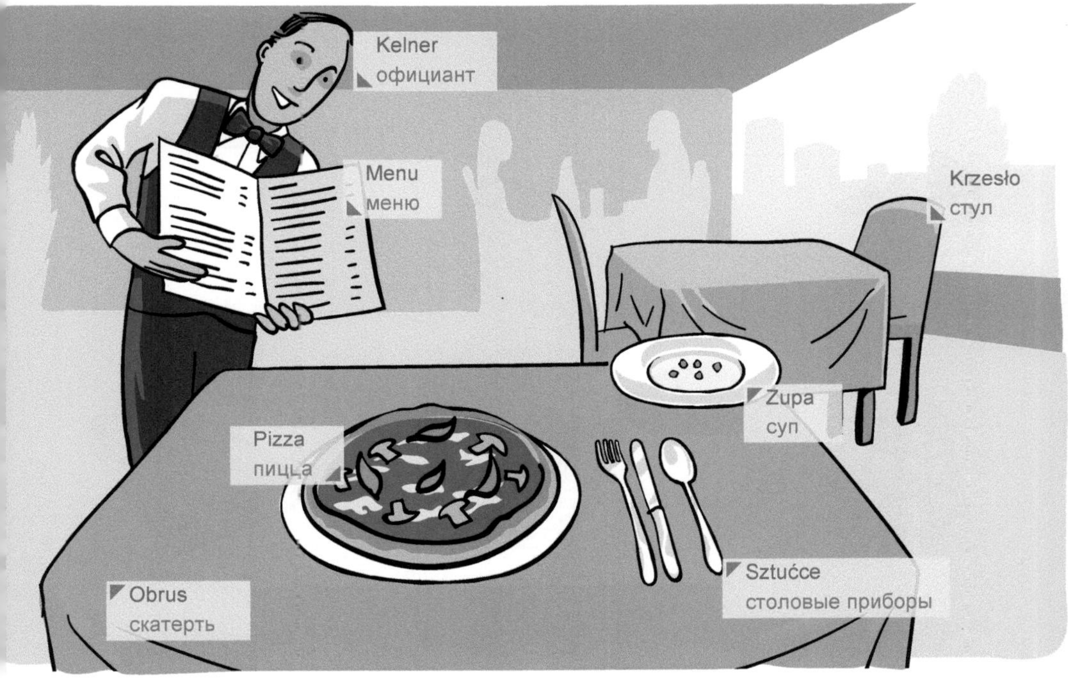

Kelner
официант
Menu
меню
Krzesło
стул
Zupa
суп
Pizza
пицца
Sztućce
столовые приборы
Obrus
скатерть

Przystawka

закуска

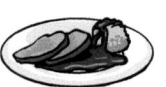

Danie główne

главное блюдо

Deser

десерт

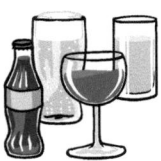

Napoje

напитки

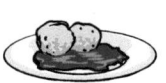

Jedzenie

еда

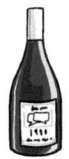

Butelka

бутылка

Fastfood

фастфуд

Streetfood

уличная еда

Dzbanek na herbatę

чайник

Cukierniczka

сахарница

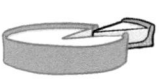

Porcja

порция

Zaparzarka do espresso

кофеварка

Krzesło dla dziecka

детский стульчик

Rachunek

счет

Taca

поднос

Noż

нож

Widelec

вилка

Łyżka

ложка

Łyżeczka

чайная ложка

Serwetka

салфетка

Szklanka

стакан

Talerz

тарелка

Talerz do zupy

суповая тарелка

Podstawek pod filiżankę

блюдце

Sos

соус

Solniczka

солонка

Młynek do pieprzu

мельница для перца

Ocet

уксус

Olej

масло

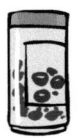

Przyprawy

специи

Keczup

кетчуп

Musztarda

горчица

Majonez

майонез

Supermarket

супермаркет

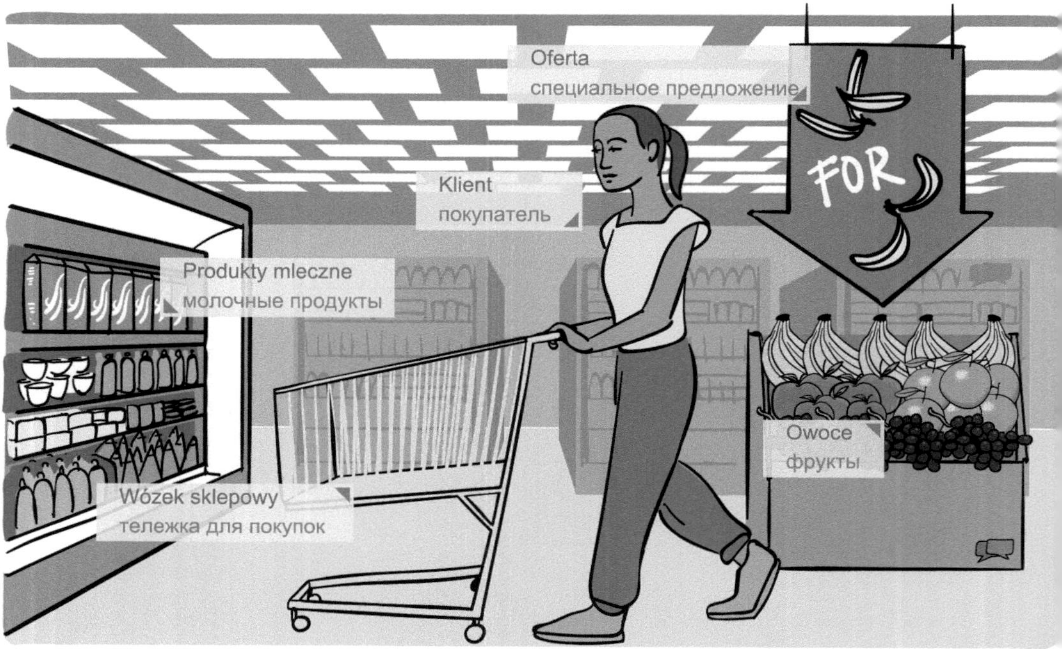

Oferta
специальное предложение
Klient
покупатель
FOR
Produkty mleczne
молочные продукты
Owoce
фрукты
Wózek sklepowy
тележка для покупок

BUTCHERS

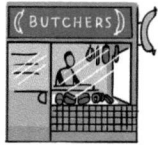

Rzeźnia

мясной магазин

BAKERY

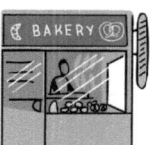

Piekarnia

пекарня

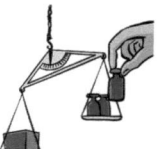

ważyć

взвешивать

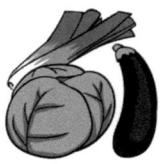

Warzywa

овощи

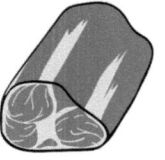

Mięso

мясо

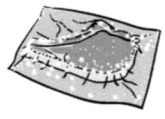

Mrożonki

быстрозамороженные продукты

Wędliny

нарезка

Konserwy

консервы

Proszek m do prania

стиральный порошок

Słodycze

сладости

Artykuły użytku domowego

предмет домашнего обихода

Środek czyszczący

моющее средство

Sprzedawczyni

продавщица

Kasa

касса

Kasjer

кассир

Lista zakupów

список покупок

Godziny otwarcia

время работы

Portfel

бумажник

Karta kredytowa

кредитная карточка

Torba

сумка

Torebka plastikowa

полиэтиленовый пакет

Woda

вода

Sok

сок

Mleko

молоко

Cola

кока-кола

Wino

вино

Piwo

пиво

Alkohol

алкоголь

Kakao

какао

Herbata

чай

Kawa

кофе

Espresso

эспрессо

Cappuccino

капучино

Banan

банан

Jabłko

яблоко

Pomarańcza

апельсин

Arbuz

арбуз

Cytryna

лимон

Marchew

морковь

Czosnek

чеснок

Bambus

бамбук

Cebula

лук

Grzyb

гриб

Orzechy

орехи

Makaron

лапша

Spaghetti

спагетти

Ryż

рис

Sałatka

салат

Frytki

картофель фри

Ziemniaki pieczone

жареный картофель

Pizza

пицца

Hamburger

гамбургер

Kanapka

сэндвич

Sznycel

шницель

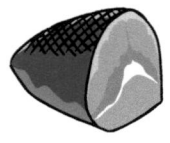

Szynka

ветчина

Salami

салями

Kiełbasa

колбаса

Kura

курица

Pieczeń

жаркое

Ryba

рыба

Płatki owsiane

овсяные хлопья

Musli

мюсли

Płatki kukurydziane

кукурузные хлопья

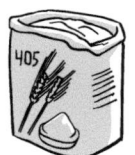

Mąka

мука

Croissant

круассан

Bułka

булочка

Chleb

хлеб

Toast

тост

Ciastka

печенье

Masło

масло

Twarożek

творог

Ciasto

пирог

Jajko

яйцо

Jajko sadzone

яичница

Ser

сыр

Lody

мороженое

Cukier

сахар

Miód

мёд

Marmolada

мармелад

Krem nugatowy

крем с нугой

Curry

карри

Gospodarstwo chłopskie

ферма

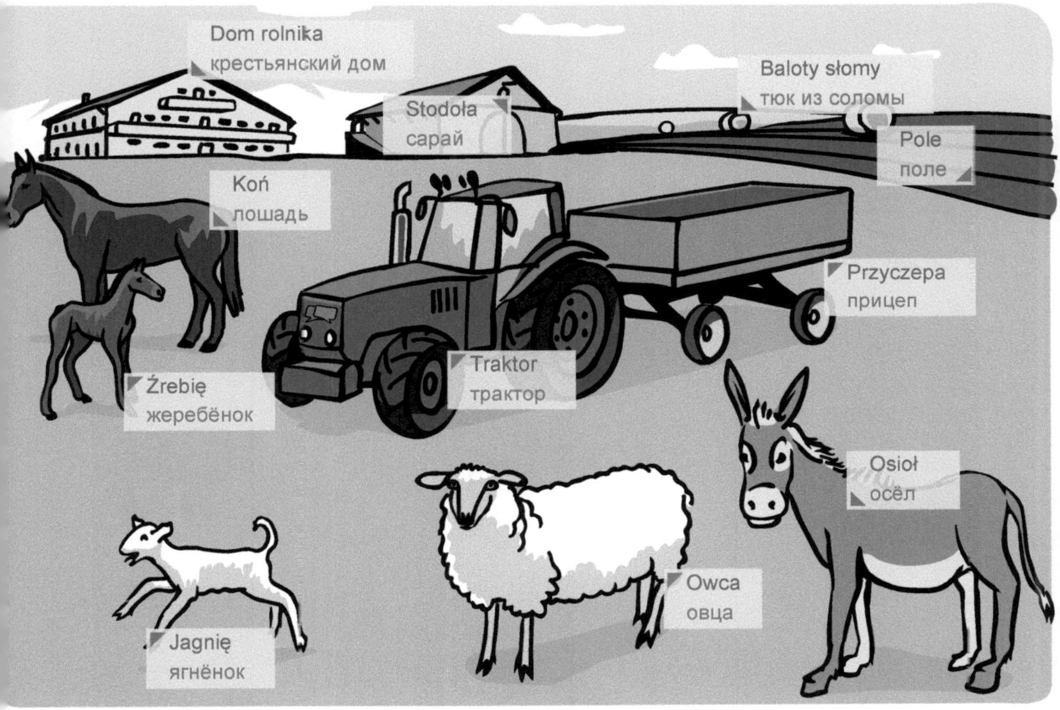

Dom rolnika
крестьянский дом
Stodoła
сарай
Baloty słomy
тюк из соломы
Pole
поле
Koń
лошадь
Przyczepa
прицеп
Traktor
трактор
Źrebię
жеребёнок
Osioł
осёл
Owca
овца
Jagnię
ягнёнок

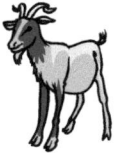

Koza

коза

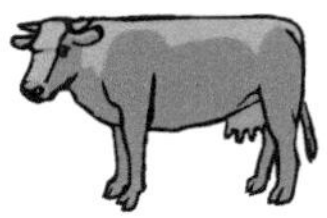

Krowa

корова

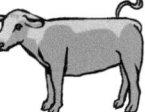

Cielę

телёнок

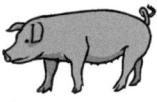

Świnia

свинья

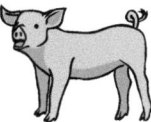

Prosię

поросёнок

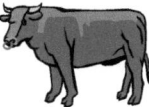

Byk

бык

Gęś

гусь

Kaczka

утка

Kurczątko

цыплёнок

Kura

курица

Kogut

петух

Szczur

крыса

Kot

кошка

Mysz

мышь

Osioł

вол

Pies

собака

Buda dla psa

конура

Wąż ogrodowy

садовый шланг

Konewka

лейка

Kosa

коса

Pług

плуг

Sierp

серп

Graca

мотыга

Widły

навозные вилы

Siekiera

топор

Taczka

тачка

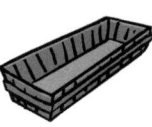

Koryto

корыто

Kanka na mleko

бидон для молока

Worek

мешок

Płot

забор

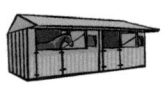

Stajnia

хлев

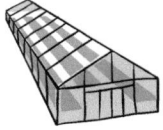

Szklarnia

теплица

Ziemia

почва

Nasiona

посев

Nawóz

удобрение

Kombajn zbożowy

комбайн

zbierać

собирать урожай

Żniwa

урожай

Podchrzyn

ямс

Pszenica

пшеница

Soja

соя

Ziemniak

картофель

Kukurydza

кукуруза

Rzepak

рапс

Drzewo owocowe

фруктовое дерево

Maniok

маниок

Zboże

злаки

Komin
дымоход

Dach
крыша

Rynna deszczowa
водосточный желоб

Okno
окно

Garaż
гараж

Dzwonek
звонок

Drzwi
дверь

Wiaderko na śmiec
мусорное ведро

Skrzynka na listy
почтовый ящик

Ogród
сад

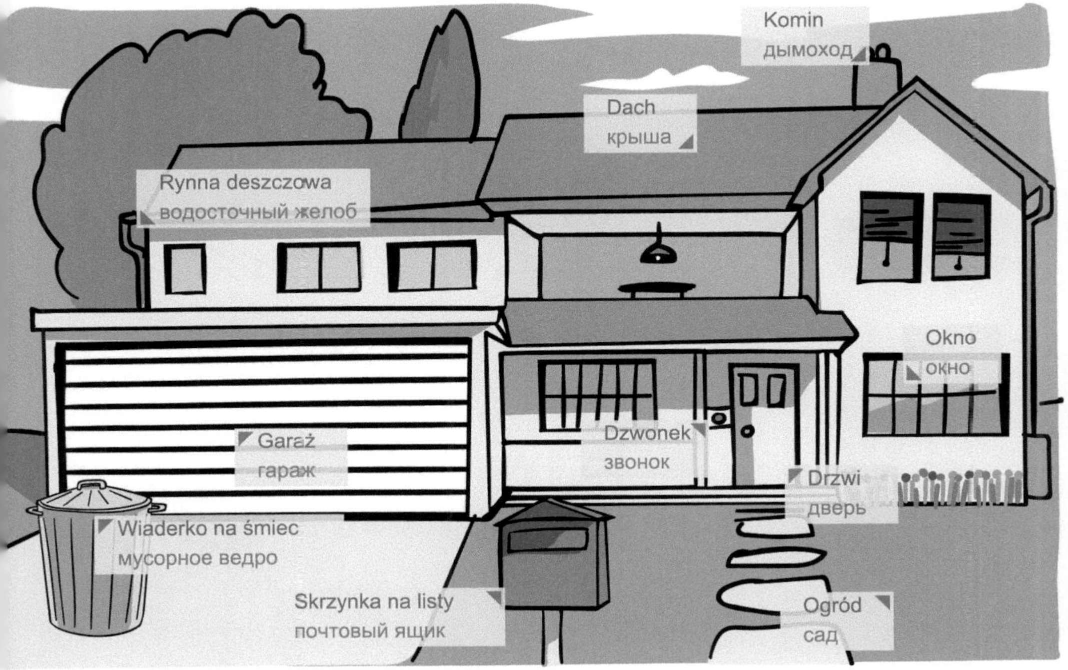

Pokój dzienny

гостиная

Łazienka

ванная комната

Kuchnia

кухня

Sypialnia

спальня

Pokój dziecięcy

детская комната

Jadalnia

столовая

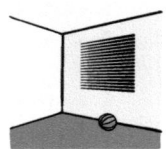

Ziemia

пол

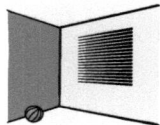

Ściana

стена

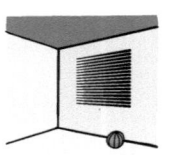

Кос

потолок

Piwnica

подвал

Sauna

сауна

Balkon

балкон

Taras

терраса

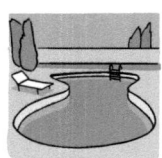

Basen

бассейн

Kosiarka do trawy

газонокосилка

Poszwa

пододеяльник

Kołdra

покрывало

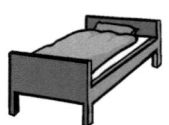

Łóżko

кровать

Miotła

метла

Wiadro

ведро

Włącznik

выключатель

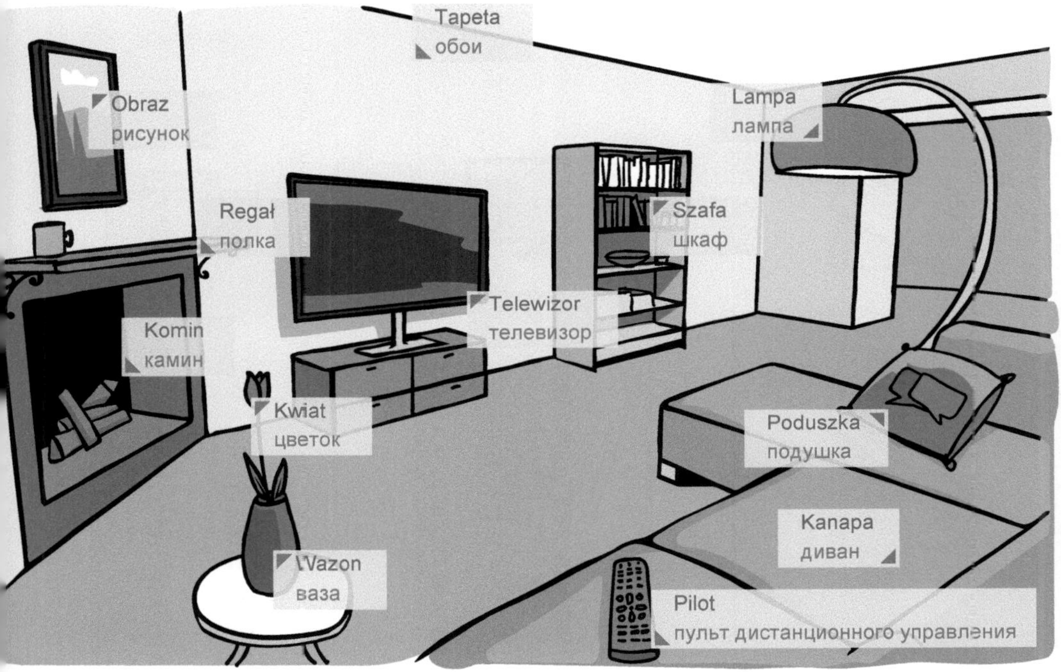

Tapeta
обои

Obraz
рисунок

Lampa
лампа

Regał
полка

Szafa
шкаф

Komin
камин

Telewizor
телевизор

Kwiat
цветок

Poduszka
подушка

Kanapa
диван

Vazon
ваза

Pilot
пульт дистанционного управления

Dywan

ковёр

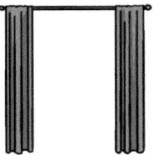

Zasłona

штора

Stół

стол

Krzesło

стул

Bujak

кресло-качалка

Fotel

кресло

Książka

книга

Sufit

покрывало

Dekoracja

украшение

Drewno kominkowe

дрова

Film

фильм

Instalacja stereo

стереосистема

Klucz

ключ

Gazeta

газета

Malunek

картина

Plakat

плакат

Radio

радио

Notatnik

блокнот

Odkurzacz

пылесос

Kaktus

кактус

Świeczka

свеча

Kuchnia

кухня

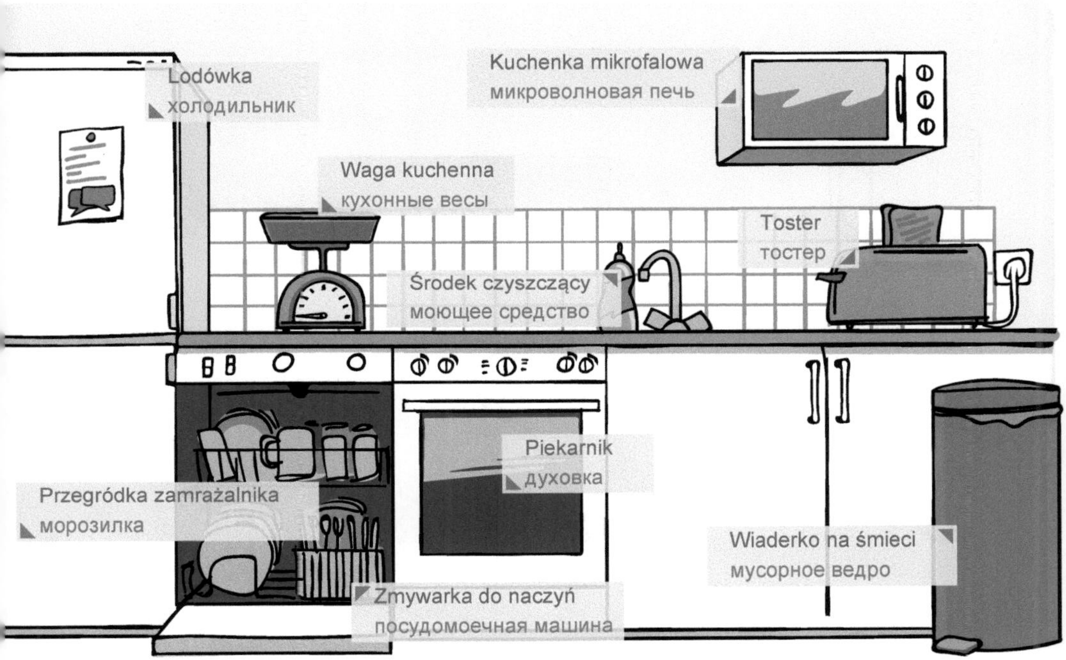
Lodówka
холодильник
Kuchenka mikrofalowa
микроволновая печь
Waga kuchenna
кухонные весы
Toster
тостер
Środek czyszczący
моющее средство
Piekarnik
духовка
Przegródka zamrażalnika
морозилка
Wiaderko na śmieci
мусорное ведро
Zmywarka do naczyń
посудомоечная машина

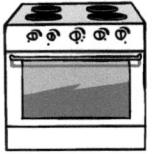

Kuchenka

плита

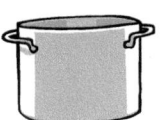

Garnek

кастрюля

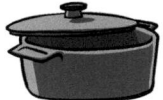

Kocioł żeliwny

чугунный котелок

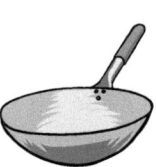

Wok / Kadai

вок / кадай

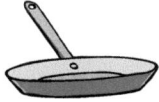

Patelnia

сковорода

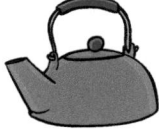

Czajnik

чайник

Parowar

пароварка

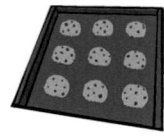

Blacha do pieczenia

противень

Naczynia kuchenne

посуда

Kubek

кружка

Miska

миска

Pałeczki

палочки для еды

Nabierka

половник

Łopatka do smażenia

лопатка

Trzepaczka do śmietany

сбивалка

Cedzak

сито

Sitko

сито

Tarka

тёрка

Moździerz

ступка

Grillowanie

гриль

Palenisko

костёр

Deska

доска

Wałek do ciasta

скалка

Korkociąg

штопор

Puszka

жестяная банка

Otwieracz do puszek

консервный нож

Ściereczka do trzymania garnka

прихватка

Umywalka

раковина

Szczotka

щетка

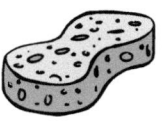

Gąbka

губка

Mikser

миксер

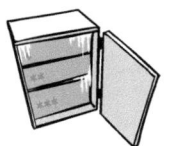

Zamrażarka

морозильная камера

Butelka dla niemowlęcia

бутылочка для кормления

Kran

кран

Łazienka

ванная комната

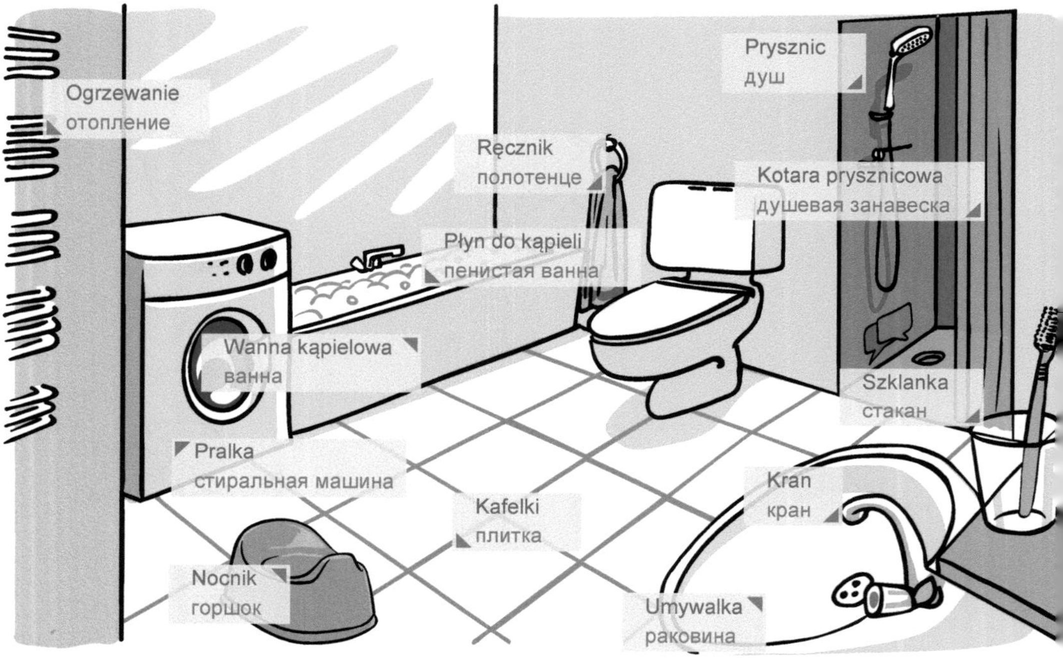

Ogrzewanie
отопление

Prysznic
душ

Ręcznik
полотенце

Kotara prysznicowa
душевая занавеска

Płyn do kąpieli
пенистая ванна

Wanna kąpielowa
ванна

Szklanka
стакан

Pralka
стиральная машина

Kran
кран

Kafelki
плитка

Nocnik
горшок

Umywalka
раковина

Toaleta
туалет

Toaleta kuczna
напольный унитаз

Bidet
биде

Pisuar
писсуар

Papier toaletowy
туалетная бумага

Szczotka toaletowa
ершик

Szczoteczka do zębów

зубная щетка

Pasta do zębów

зубная паста

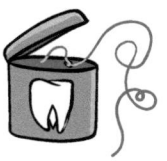

Nitki do czyszczenia zębów

зубная нить

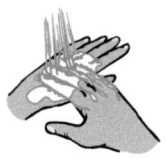

myć

мыть

Głowica prysznicowa

ручной душ

Płyn kąpielowy do higieny intymnej

интимный душ

Miska do mycia

таз

Szczotka kąpielowa

щетка для спины

Mydło

мыло

Żel prysznicowy

гель для душа

Szampon

шампунь

Rękawica kąpielowa

мочалка

Odpływ

сток

Krem

крем

Dezodorant

дезодорант

Lustro

зеркало

Lustro kosmetyczne

ручное зеркало

Golarka

бритва

Pianka do golenia

пена для бритья

Woda po goleniu

лосьон после бритья

Grzebień

расческа

Szczotka

щетка

Suszarka do włosów

фен

Spray do włosów

лак для волос

Makijaż

косметика

Pomadka

губная помада

Lakier do paznokci

лак для ногтей

Wata

вата

Nożyczki do paznokci

маникюрные ножницы

Perfum

духи

Kosmetyczka

косметичка

Taboret

табуретка

Waga

весы

Szlafrok kąpielowy

халат

Rękawice gumowe

резиновые перчатки

Tampon

тампон

Podpaska damska

гигиеническая прокладка

Toaleta chemiczna

биотуалет

Pokój dziecięcy

детская комната

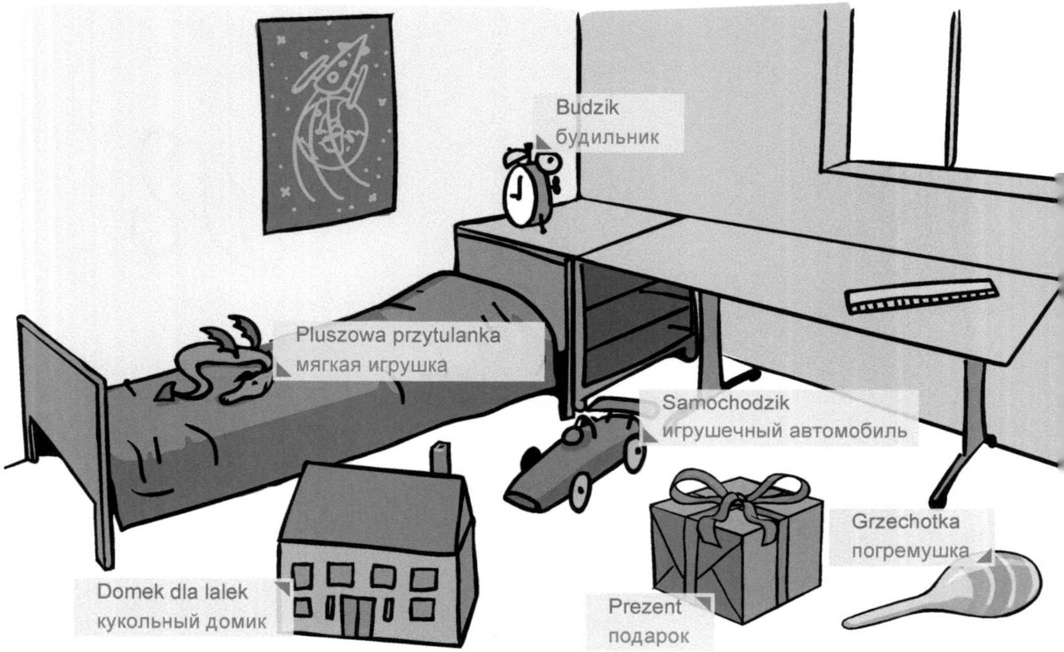

Budzik
будильник
Pluszowa przytulanka
мягкая игрушка
Samochodzik
игрушечный автомобиль
Grzechotka
погремушка
Domek dla lalek
кукольный домик
Prezent
подарок

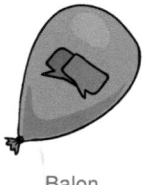

Balon

воздушный шар

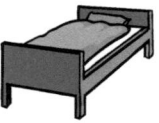

Łóżko

кровать

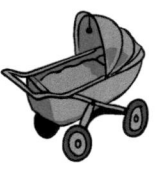

Wózek dziecięcy

детская коляска

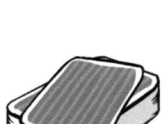

Gra w karty

карточная игра

Puzzle

пазл

SUPER MEGA

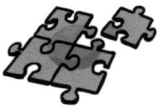

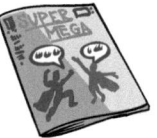

Komiks

комикс

Klocki lego

кирпичики Лего

Klocki

кубики

Action figura

игрушечная фигурка

Śpioszek dziecięcy

ползунки

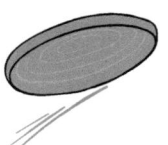

Frisbee

фрисби

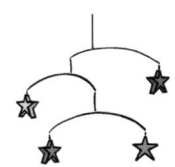

Zabawki ruchome

мобиле

Gra planszowa

настольная игра

Kości

кубик

Kolejka elektryczna

модель железной дороги

Smoczek

соска

Przyjęcie

вечеринка

Książka z ilustracjami

книга с картинками

Piłka

мяч

Lalka

кукла

bawić się

играть

Piaskownica

песочница

Huśtawka

качели

Zabawki

игрушка

Konsola do gier

игровая приставка

Rowerek trójkołowy

трёхколесный велосипед

Pluszowy miś

плюшевый медвежонок

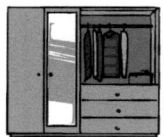

Szafa ubraniowa

шкаф для одежды

Ubiór

одежда

Skarpety

носки

Pończochy

чулки

Rajstopy

колготки

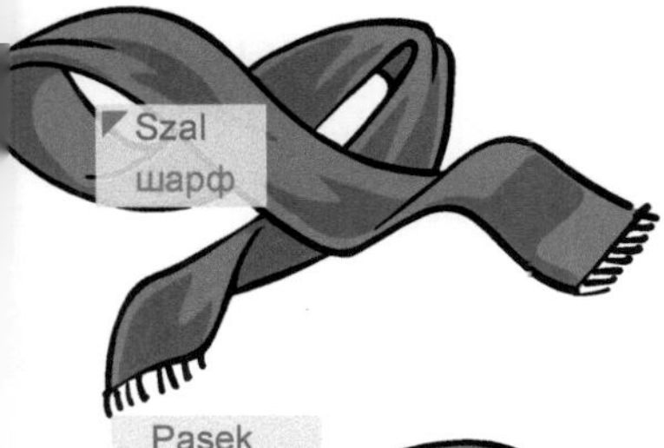

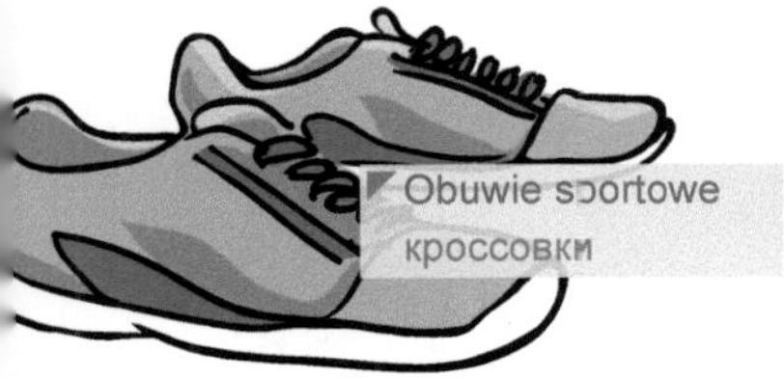

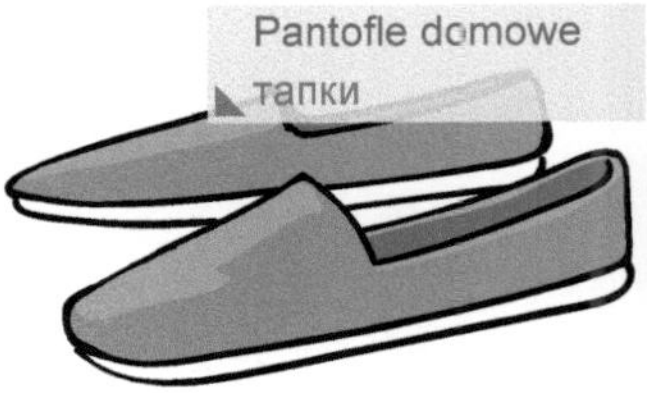

Szal
шарф

Parasol
зонтик

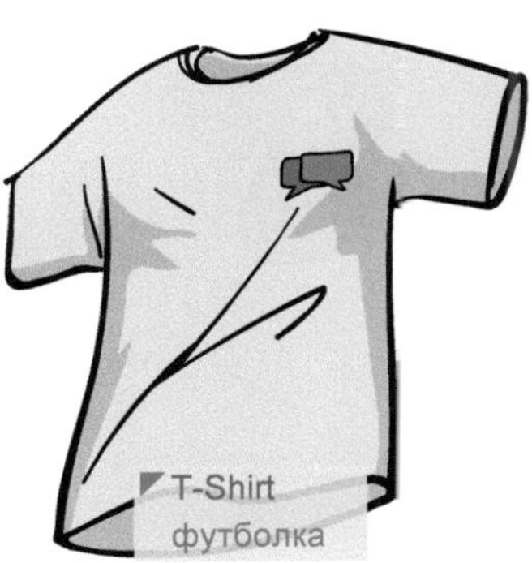

Pasek
ремень

T-Shirt
футболка

Kozaki
сапоги

Pantofle domowe
тапки

Obuwie sportowe
кроссовки

Sandały

сандалии

Buty

ботинки

Kalosze

резиновые сапоги

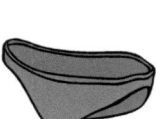

Majtki

трусы

Biustonosz

бюстгальтер

Podkoszulek

майка

Ubiór - одежда

Body

боди

Spodnie

брюки

Dżins

джинсы

Spódnica

юбка

Bluzka

блузка

Koszula

рубашка

Pulower

свитер

Bluza sportowa

свитер

Marynarka

спортивная куртка

Kurtka

жакет

Płaszcz

пальто

Płaszcz przeciwdeszczowy

плащ

Kostium

костюм

Sukienka

платье

Suknia ślubna

свадебное платье

Garnitur męski

мужской костюм

Koszula nocna

ночная сорочка

Piżama

пижама

Sari

сари

Chusta na głowę

платок

Turban

тюрбан

Burka

паранджа

Kaftan

кафтан

Abaya

абайя

Strój kąpielowy

купальник

Kąpielówki

плавки

Krótkie spodnie

шорты

Dres sportowy

спортивный костюм

Fartuch

фартук

Rękawiczki

перчатки

Guzik

пуговица

Okulary

очки

Bransoletka

браслет

Łańcuszek

цепочка

Pierścionek

кольцо

Kolczyk

серьга

Czapka

шапка

Wieszak

вешалка

Kapelusz

шляпа

Krawat

галстук

Zamek błyskawiczny

застежка молния

Kask

шлем

Szelki

подтяжки

Mundurek szkolny

школьная форма

Mundur

форма

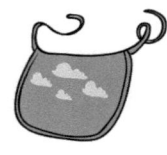

Śliniaczek

детский нагрудник

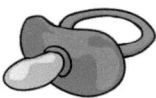

Smoczek

соска

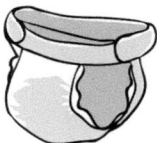

Pieluszka

подгузник

Biuro

офис

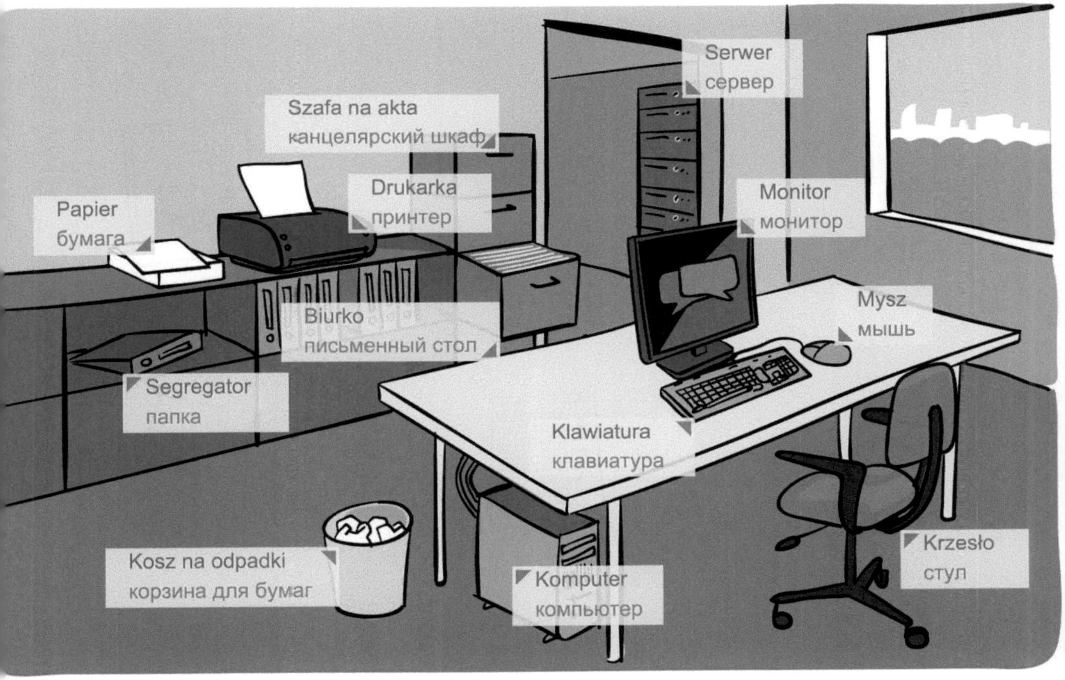
Serwer
сервер
Szafa na akta
канцелярский шкаф
Drukarka
принтер
Papier
бумага
Monitor
монитор
Mysz
мышь
Biurko
письменный стол
Segregator
папка
Klawiatura
клавиатура
Krzesło
стул
Kosz na odpadki
корзина для бумаг
Komputer
компьютер

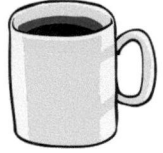

Filiżanka do kawy

кофейная кружка

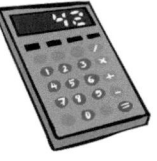

Kalkulator

калькулятор

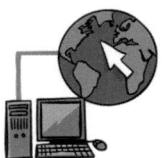

Internet

интернет

Laptop

ноутбук

List

письмо

Wiadomość

сообщение

Komórka

мобильный телефон

Sieć

сеть

Kopiarka

ксерокс

Oprogramowanie

программа

Telefon

телефон

Gniazdko

розетка

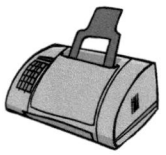

Faks

факс

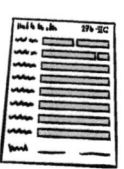

Formularz

формуляр

Dokument

документ

kupić

покупать

płacić

платить

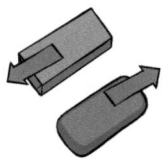

postępować

торговать

Pieniądze

деньги

Dolar

доллар

Euro

евро

Jen

иена

Rubel

рубль

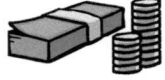

Frank

франк

Juan Renminbi

жэньминьби юань

Rupia

рупия

Bankomat

банкомат

Kantor wymiany walut

пункт обмена валюты

Złoto

золото

Srebro

серебро

Olej

нефть

Energia

энергия

Cena

цена

Umowa

договор

Podatek

налог

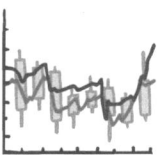

Akcja

акция

pracować

работать

Pracownik umysłowy

служащий

Pracodawca

работодатель

Fabryka

фабрика

Sklep

магазин

Gospodarka - экономика

Zawody
профессии

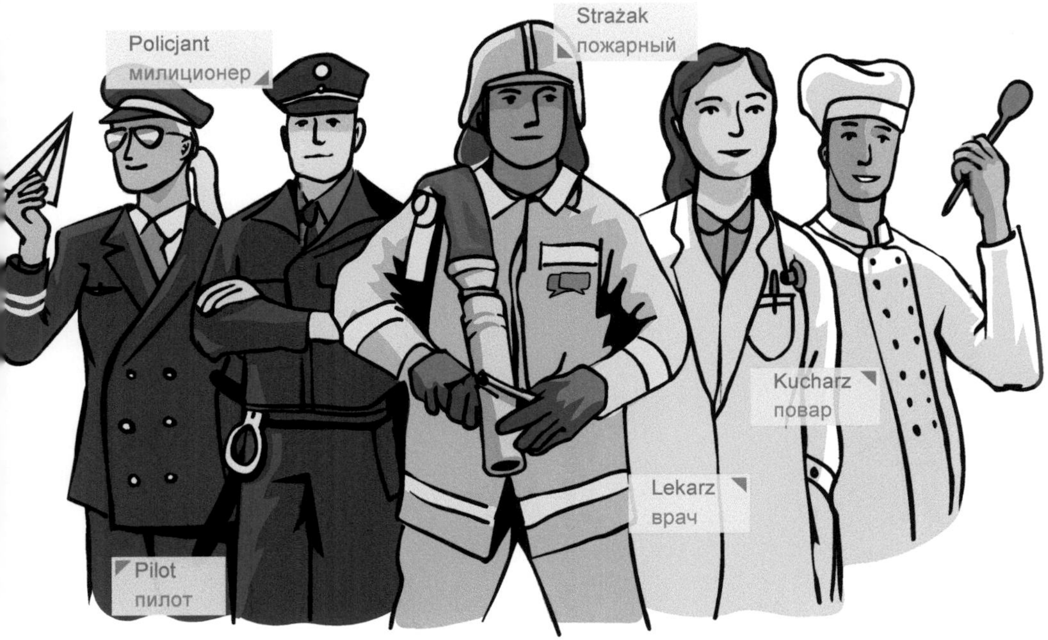
Policjant
милиционер
Strażak
пожарный
Kucharz
повар
Lekarz
врач
Pilot
пилот

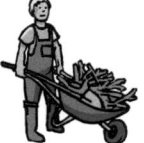

Ogrodnik

садовник

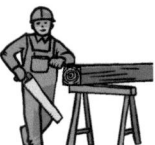

Stolarz

столяр

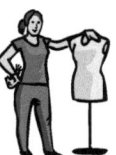

Krawcowa

швея

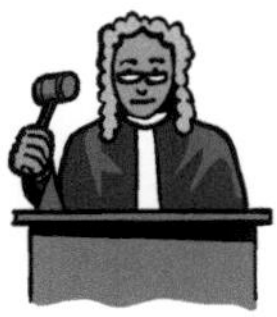

Sędzia

судья

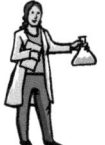

Chemik

химик

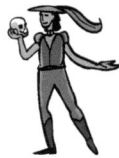

Aktor

актёр

Kierowca autobusu

водитель автобуса

Taksówkarz

таксист

Fischer

рыбак

Sprzątaczka

уборщица

Dekarz

кровельщик

Kelner

официант

Myśliwy

охотник

Malarz

художник

Piekarz

пекарь

Elektryk

электрик

Robotnik budowlany

строитель

Inżynier

инженер

Rzeźnik

мясник

Instalator

сантехник

Listonosz

почтальон

Żołnierz

солдат

Architekt

архитектор

Kasjer

кассир

Florysta

флорист

Fryzjer

парикмахер

Konduktor

кондуктор

Mechanik

механик

Kapitan

капитан

Dentysta

зубной врач

Naukowiec

ученый

Rabin

раввин

Imam

имам

Mnich

монах

Proboszcz

священник

Narzędzia

инструменты

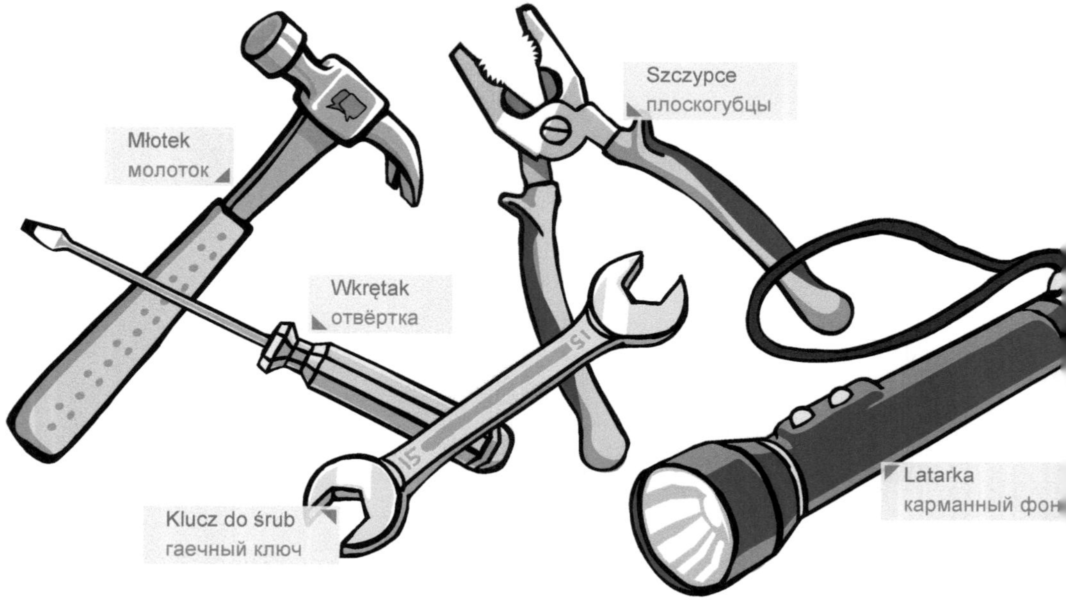

Szczypce
плоскогубцы
Młotek
молоток
Wkrętak
отвёртка
Latarka
карманный фон
Klucz do śrub
гаечный ключ

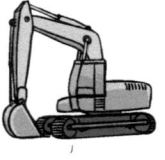

Koparka
экскаватор

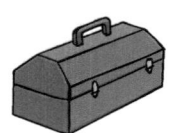

Skrzynka narzędziowa
ящик для инструментов

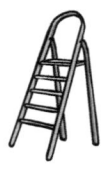

Drabina
стремянка

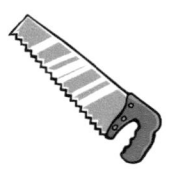

Piła
пила

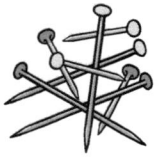

Gwoździe
гвозди

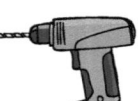

Wiertło
дрель

naprawić

ремонтировать

Łopatka

лопата

Cholera!

Блин!

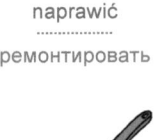

Szufelka

совок

Puszka z farbą

ведро с краской

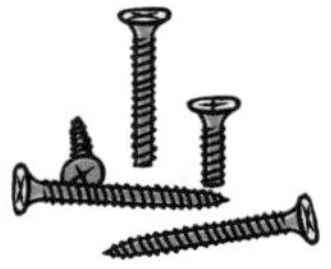

Śruby

винты

Instrumenty muzyczne
музыкальные инструменты

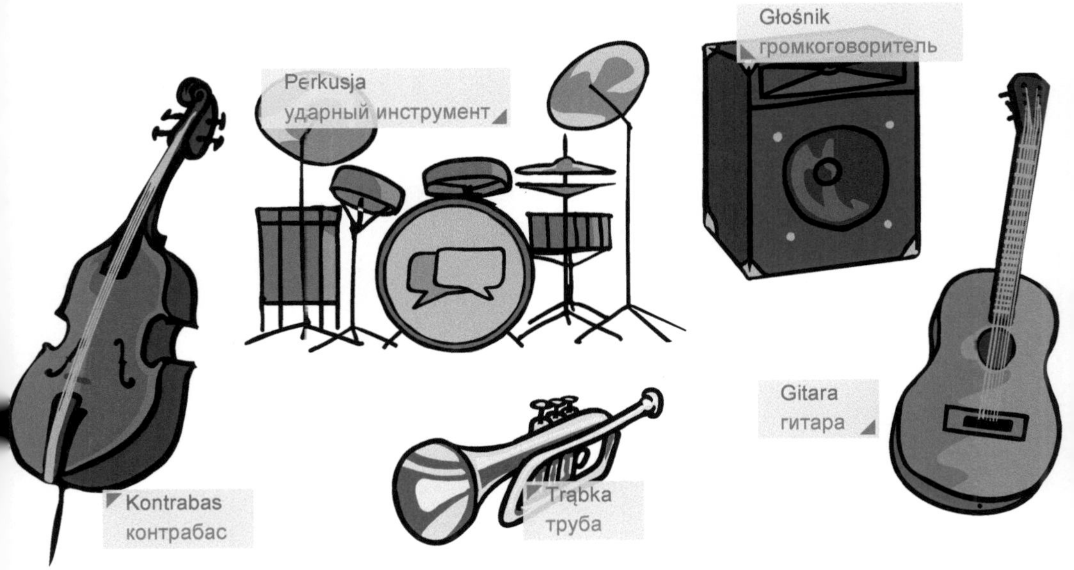

Perkusja
ударный инструмент

Głośnik
громкоговоритель

Gitara
гитара

Kontrabas
контрабас

Trąbka
труба

Pianino

пианино

Skrzypce

скрипка

Bas

бас-гитара

Kotły

литавры

Bęben

барабан

Keyboard

синтезатор

Saksofon

саксофон

Flet

флейта

Mikrofon

микрофон

Zoo

зоопарк

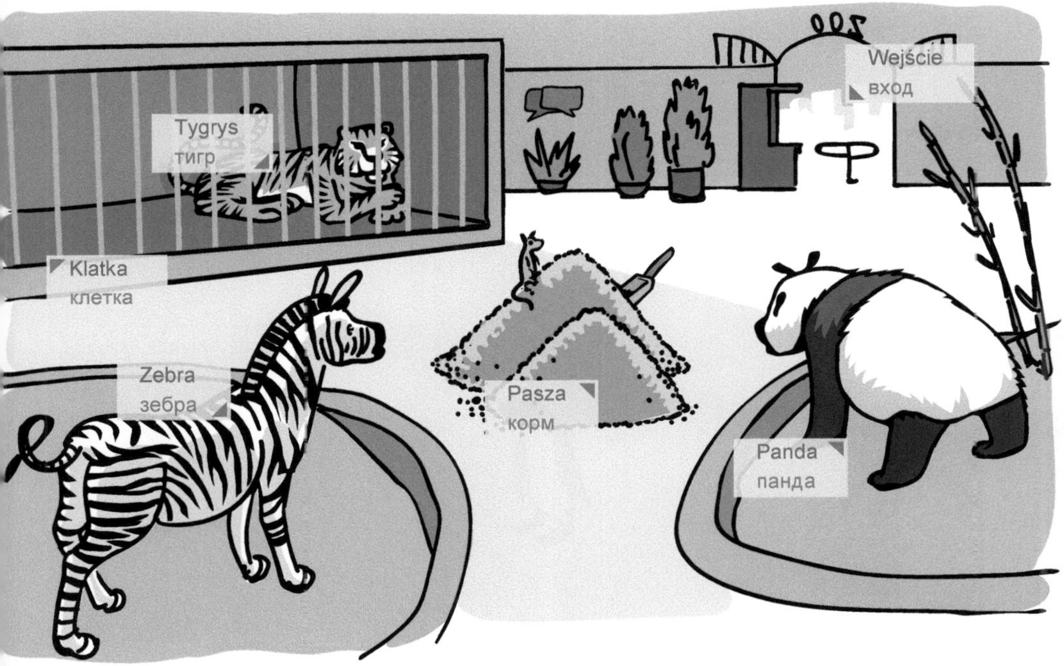
Wejście
вход
Tygrys
тигр
Klatka
клетка
Zebra
зебра
Pasza
корм
Panda
панда

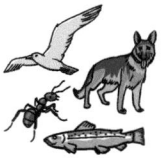

Zwierzęta

животные

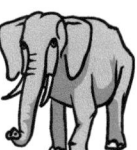

Słoń

слон

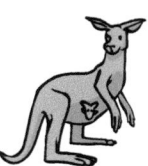

Kangur

кенгуру

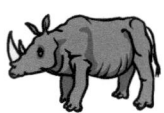

Nosorożec

носорог

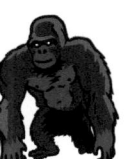

Goryl

горилла

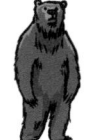

Niedźwiedź

медведь

Wielbłąd

верблюд

Struś

страус

Lew

лев

Małpa

обезьяна

Fleming

фламинго

Papuga

попугай

Niedźwiedź polarny

белый медведь

Pingwin

пингвин

Rekin

акула

Paw

павлин

Wąż

змея

Krokodyl

крокодил

Dozorca w zoo

служитель зоопарка

Foka

тюлень

Jaguar

ягуар

Zoo - зоопарк

Kucyk

пони

Gepard

леопард

Hipopotam

бегемот

Żyrafa

жираф

Orzeł

орёл

Dzik

кабан

Ryba

рыба

Żółw

черепаха

Mors

морж

Lis

лиса

Gazela

газель

Sport
спорт

Futbol amerykański
американский футбол

Kolarstwo
езда на велосипеде

Tenis
теннис

Koszykówka
баскетбол

Pływanie
плавание

Boks
бокс

Hokej na lodzie
хоккей

Piłka nożna
....
футбол

Badminton
....
бадминтон

Lekka atletyka
....
лёгкая атлетика

Piłka ręczna
....
гандбол

Narciarstwo
....
лыжный спорт

Polo
....
поло

Działania
действия

skakać
прыгать
objąć
обнимать
śmiać się
смеяться
iść
идти
śpiewać
петь
marzyć
мечтать
modlić się
молиться
całować
целовать

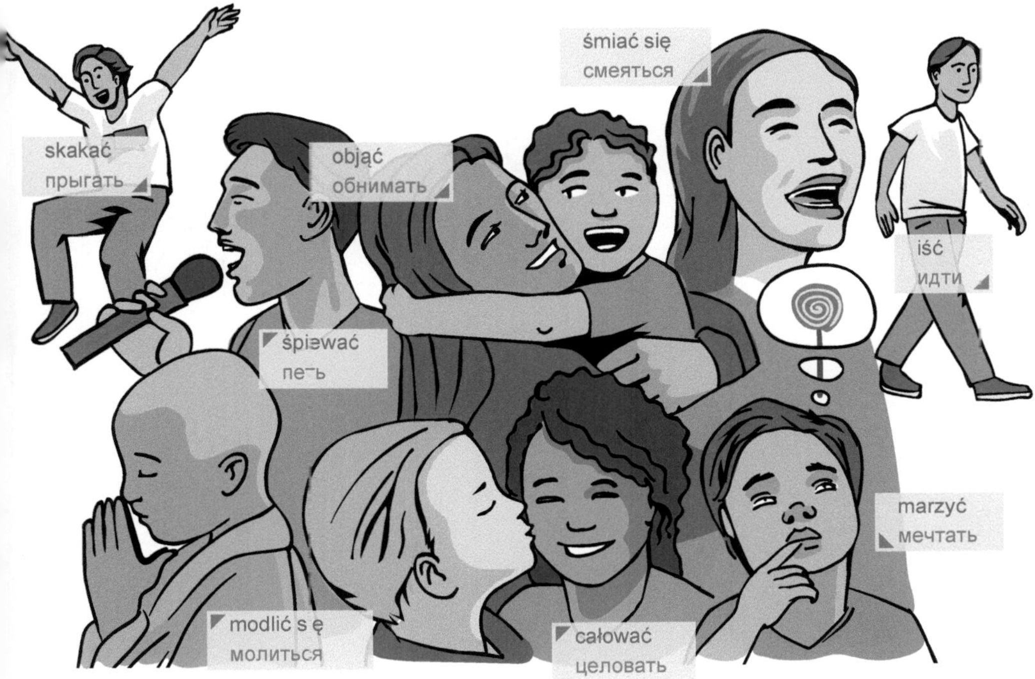

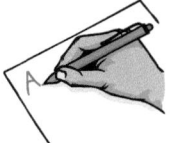

pisać

писать

rysować

рисовать

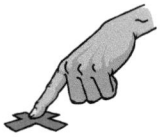

pokazywać

показывать

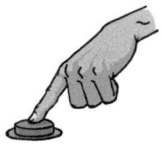

nacisnąć

нажимать

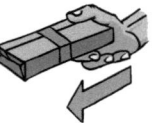

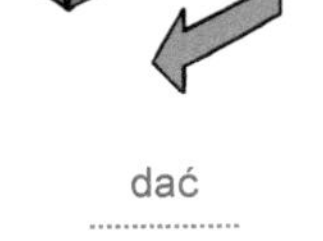

dać

давать

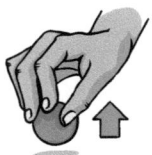

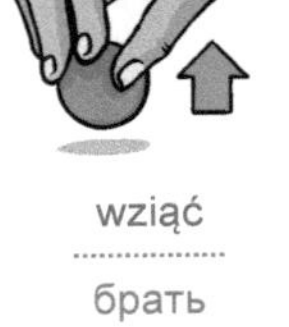

wziąć

брать

mieć

иметь

robić

делать

być

быть

stać

стоять

biegać

бежать

ciągnąć

тянуть

rzucać

бросать

spaść

падать

leżeć

лежать

czekać

ждать

nosić

носить

siedzieć

сидеть

zakładać

надевать

spać

спать

budzić się

просыпаться

spojrzeć

рассматривать

płakać

плакать

głaskać

гладить

czesać się

причесывать

mówić

говорить

rozumieć

понимать

pytać

спрашивать

słyszeć

слушать

pić

пить

jeść

кушать

sprzątać

наводить порядок

kochać

любить

gotować

готовить

jechać

ехать

latać

летать

żeglować

ходить под парусом

liczyć

считать

czytać

читать

uczyć się

учиться

pracować

работать

wejść w związek małżeński

вступать в брак

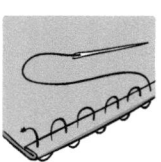

szyć

шить

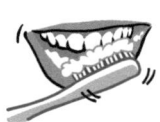

myć zęby

чистить зубы

zabić

убивать

palić tytoń

курить

wysłać

отправлять

Babcia
бабушка

Dziadek
дедушка

Ojciec
папа

Matka
мама

Niemowlę
младенец

Córka
дочь

Syn
сын

Gość

гость

Ciotka

тетя

Wujek

дядя

Brat

брат

Siostra

сестра

Ciało

тело

Czoło
лоб
Oko
глаз
Ramię
плечо
Palec
палец
Twarz
лицо
Broda
подбородок
Ręka
кисть
Noga
нога
Pierś
грудь
Ramię
рука

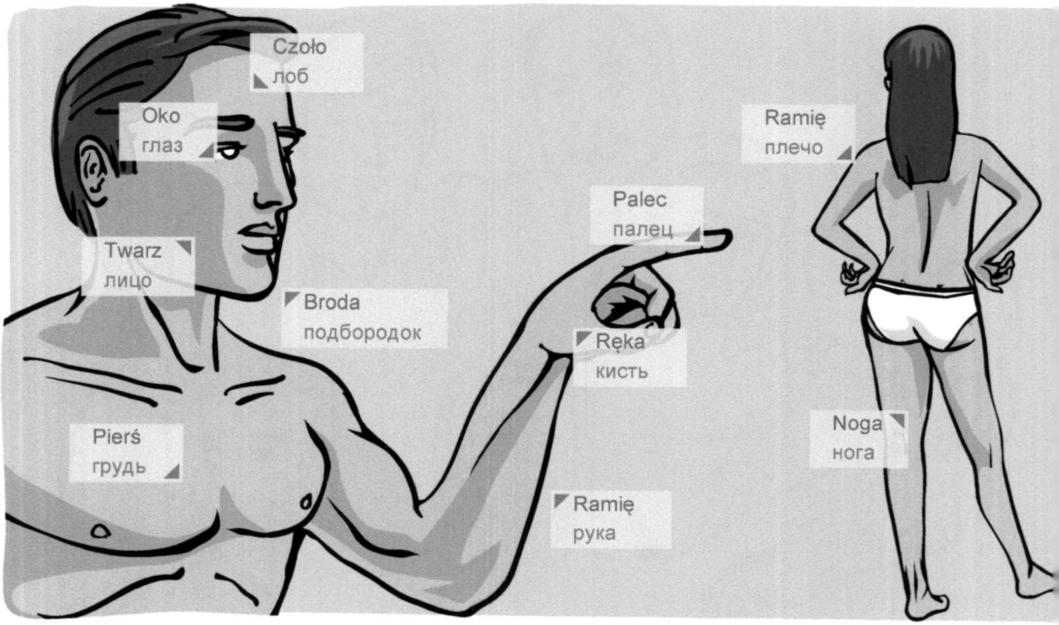

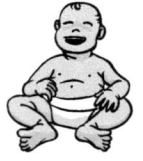

Niemowlę
младенец

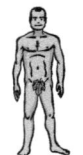

Mężczyzna
мужчина

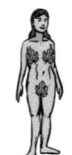

Kobieta
женщина

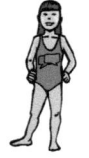

Dziewczyna
девочка

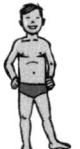

Chłopiec
мальчик

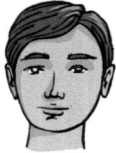

Głowa
голова

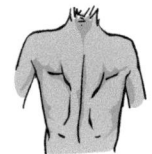

Plecy

спина

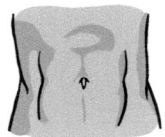

Brzuch

живот

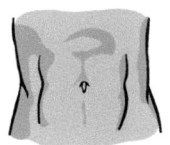

Pępek

пупок

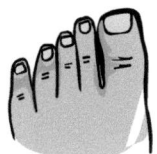

palec nogi

палец ноги

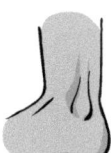

Pięta

пятка

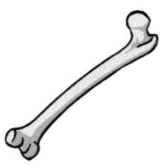

Kość

кость

Biodro

бедро

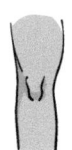

Kolano

колено

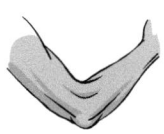

Łokieć

локоть

Nos

нос

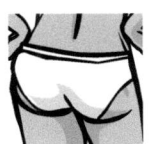

Pośladki

ягодицы

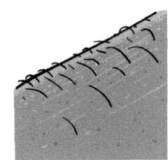

Skóra

кожа

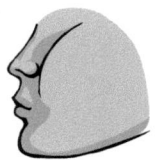

Policzek

щека

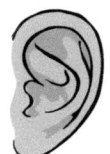

Uszy

ухо

Warga

губа

Usta

рот

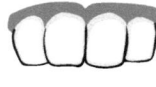

Ząb

зуб

Język

язык

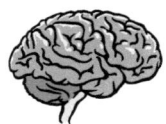

Mózg

мозг

Serce

сердце

Mięsień

мышца

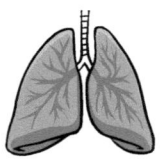

Płuca

лёгкое

Wątroba

печень

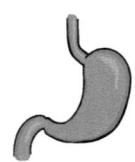

Żołądek

желудок

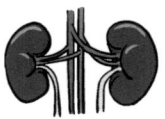

Nerki

почки

Stosunek płciowy

половой акт

Kondom

презерватив

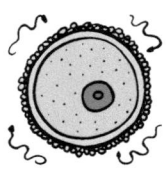

Komórka jajowa

яйцеклетка

Sperma

сперма

Ciąża

беременность

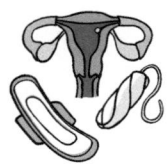

Menstruacja

менструация

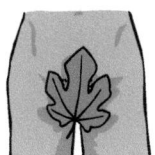

Wagina

вагина

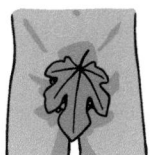

Penis

пенис

Brew

бровь

Włosy

волосы

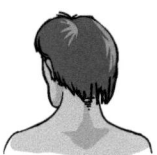

Szyja

шея

Szpital
больница

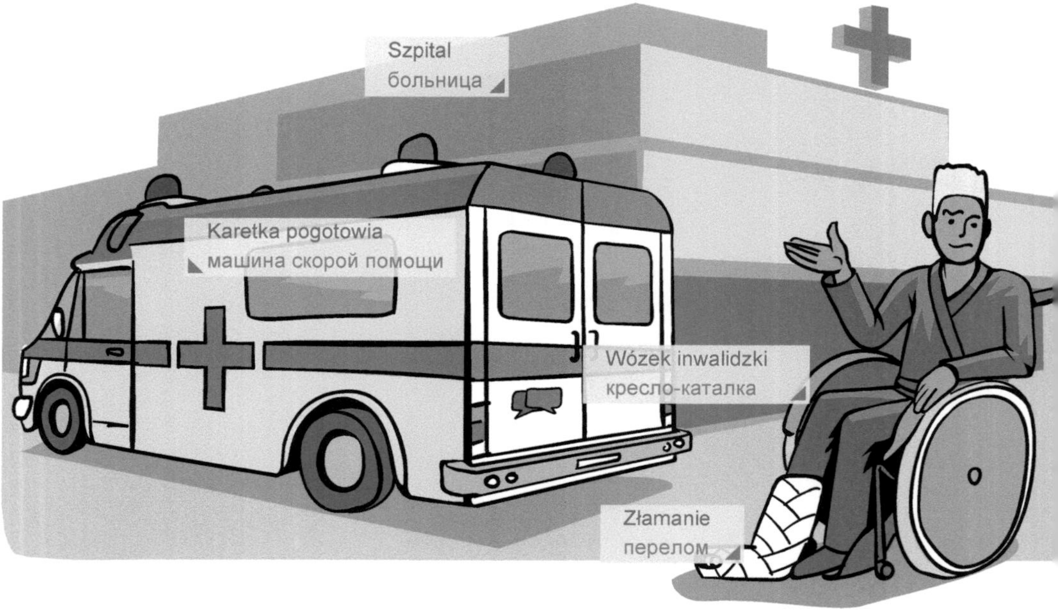

Szpital
больница
Karetka pogotowia
машина скорой помощи
Wózek inwalidzki
кресло-каталка
Złamanie
перелом

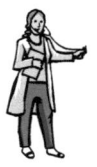

Lekarz

врач

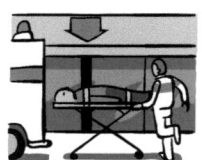

Izba przyjęć

пункт первой помощи

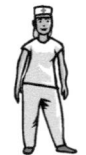

Pielęgniarka

медсестра

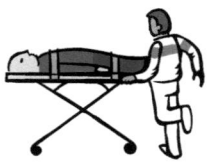

Nagły przypadek

неотложный случай

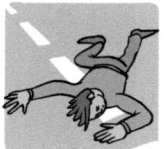

nieprzytomny

без сознания

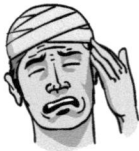

Ból

боль

Skaleczenie

повреждение

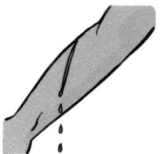

Krwawienie

кровотечение

Zawał serca

инфаркт

Udar mózgu

инсульт

Alergia

аллергия

Kaszleć

кашель

Gorączka

повышенная температура

Grypa

грипп

Biegunka

понос

Ból głowy

головная боль

Rak

рак

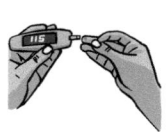

Cukrzyca

диабет

Chirurg

хирург

Skalpel

скальпель

Operacja

операция

Szpital - больница

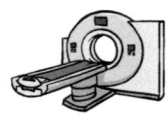

CT

КТ

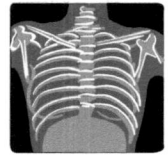

Rentgen

рентген

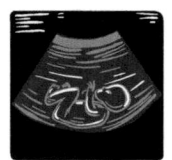

Ultradźwięki

ультразвук

Maska

маска

Choroba

болезнь

Poczekalnia

приёмная

Kula

костыль

Plaster

пластырь

Opatrunek

бинт

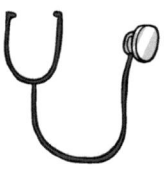

Iniekcja

укол

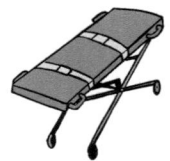

Stetoskop

стетоскоп

Nosze

носилки

Termometr

термометр

Poród

рождение

Nadwaga

избыточный вес

Aparat słuchowy

слуховой аппарат

Środek dezynfekcyjny

дезинфекционное средство

Infekcja

инфекция

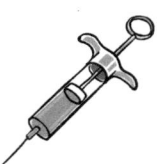

Wirus

вирус

HIV / AIDS

ВИЧ / СПИД

Medycyna

лекарство

Szczepienie

прививка

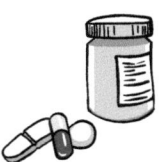

Tabletki

таблетки

Pigułka

противозачаточная таблетка

Telefon ratunkowy

экстренный вызов

Ciśnieniomierz krwi

прибор для измерения кровяного давления

chory / zdrowy

больной / здоровый

Pomocy!

Помогите!

Alarm

сигнал тревоги

Napad

нападение

Atak

атака

Niebezpieczeństwo

опасность

Wyjście awaryjne

запасной выход

Pożar!

Пожар!

Gaśnica

огнетушитель

Wypadek

несчастный случай

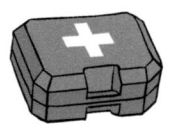

Walizeczka pierwszej pomocy

аптечка

SOS

SOS

Policja

милиция

Europa

Европа

Ameryka Północna

Северная Америка

Ameryka Południowa

Южная Америка

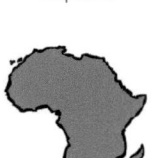

Afryka

Африка

Azja

Азия

Australia

Австралия

Atlantyk

Атлантический океан

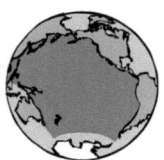

Pacyfik

Тихий океан

Ocean Indyjski

Индийский океан

Ocean Antarktyczny

Антарктический океан

Ocean Arktyczny

Северный Ледовитый океан

Biegun północny

Северный полюс

Biegun południowy

Южный полюс

Antarktyda

Антарктика

Ziemia

земля

Kraj

суша

Morze

море

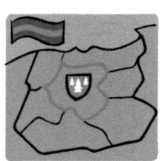

Wyspa

остров

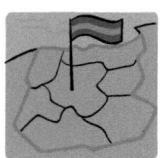

Naród

нация

Państwo

государство

Cyferblat

циферблат

Wskazówka godzinowa

часовая стрелка

Wskazówka minutowa

минутная стрелка

Wskazówka sekundowa

секундная стрелка

Która godzina?

Который час?

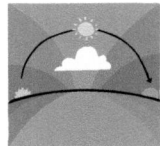

Dzień

день

Czas

время

teraz

сейчас

Zegarek digitalny

электронные часы

Minuta

минута

Godzina

час

Tydzień
неделя

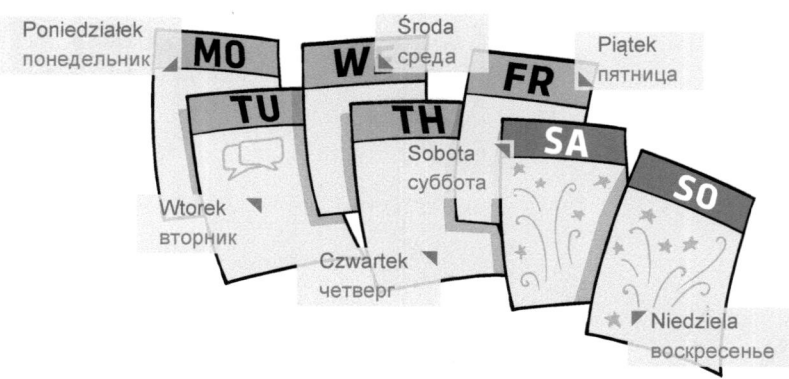

Poniedziałek
понедельник
MO

Środa
среда
W

Piątek
пятница
FR

TU

TH

SA

SO

Wtorek
вторник

Sobota
суббота

Czwartek
четверг

Niedziela
воскресенье

wczoraj

вчера

dzisiaj

сегодня

jutro

завтра

Rano

утро

Południe

полдень

Wieczór

вечер

MO	TU	WE	TH	FR	SA	SU
1	2	3	4	5	6	7
8	9	10	11	12	13	14
15	16	17	18	19	20	21
22	23	24	25	26	27	28
29	30	31	1	2	3	4

Dni robocze

рабочие дни

MO	TU	WE	TH	FR	SA	SU
1	2	3	4	5	6	7
8	9	10	11	12	13	14
15	16	17	18	19	20	21
22	23	24	25	26	27	28
29	30	31	1	2	3	4

Weekend

выходные

Rok

год

Tęcza
радуга
Deszcz
дождь
Śnieg
снег
Wiatr
ветер
Wiosna
весна
Jesień
осень
Lato
лето
Zima
зима

4.APRIL 11°
5.APRIL 4°
6.APRIL 13°
7.APRIL 8°
8.APRIL 10°

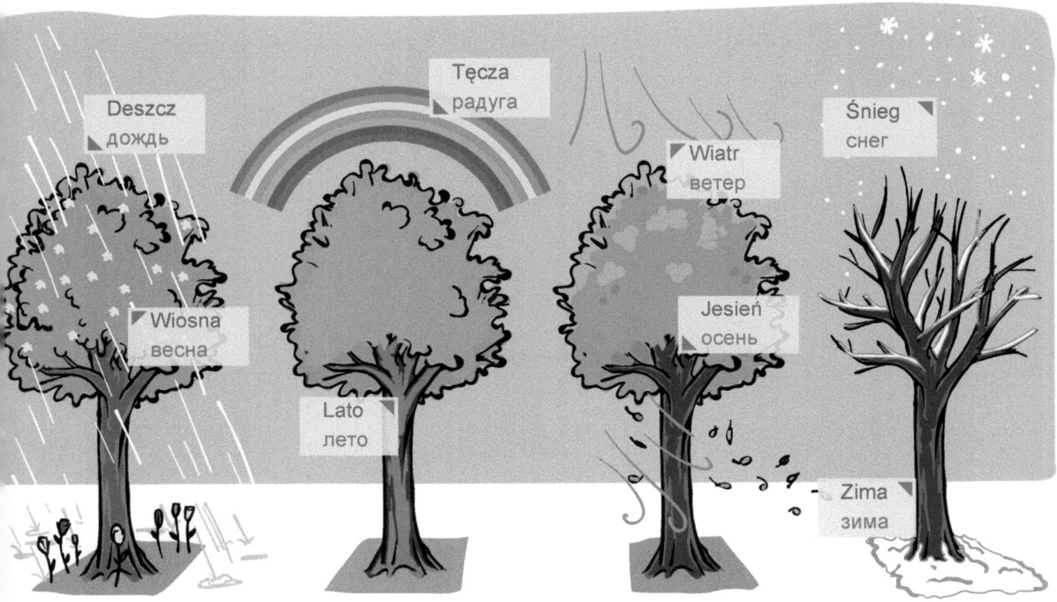

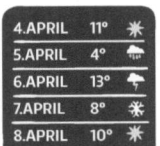

Prognoza pogody

прогноз погоды

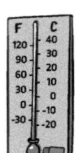

Termometr

термометр

Światło słoneczne

солнечный свет

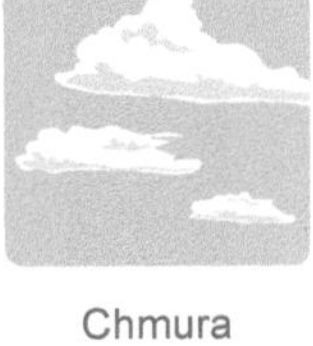

Chmura

туча

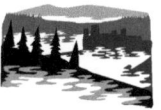

Mgła

туман

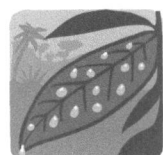

Wilgotność powietrza

влажность воздуха

Błyskawica

молния

Grzmot

гром

Sztorm

буря

Grad

град

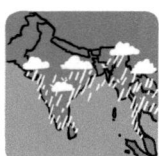

Monsun

муссон

Potop

наводнение

Lód

лёд

Styczeń

январь

Luty

февраль

Marzec

март

Kwiecień

апрель

Maj

май

Czerwiec

июнь

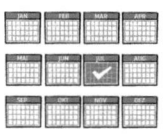

Lipiec

июль

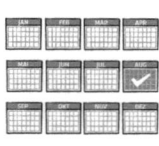

Sierpień

август

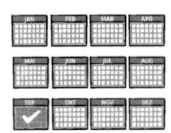

Wrzesień
....
сентябрь

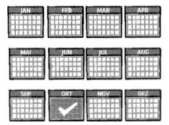

Październik
....
октябрь

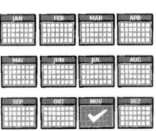

Listopad
....
ноябрь

Grudzień
....
декабрь

Kształty
формы

Koło
....
круг

Kwadrat
....
квадрат

Prostokąt
....
прямоугольник

Trójkąt
....
треугольник

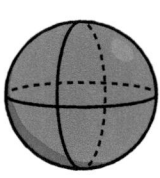

Kula
....
шар

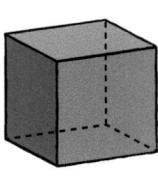

Sześcian
....
куб

biały

белый

żółty

желтый

pomarańczowy

оранжевый

różowy

розовый

czerwony

красный

liliowy

лиловый

niebieski

синий

zielony

зелёный

brązowy

коричневый

szary

серый

czarny

черный

dużo / mało

много / мало

wściekły / spokojny

яростный / мирный

piękny / brzydki

красивый / уродливый

początek / koniec

начало / конец

duży / mały

большой / маленький

jasny / ciemny

светлый / темный

brat / siostra

брат / сестра

czysty / brudny

чистый / грязный

kompletny / niekompletny

полный / неполный

dzień / noc

день / ночь

umarły / żywy

мёртвый / живой

szeroki / wąski

широкий / узкий

jadalny / niejadalny

съедобный / несъедобный

zły / uprzejmy

злой / дружелюбный

podniecony / znudzony

взволнованный /
скучающий

gruby / chudy

толстый / худой

najpierw / na końcu

сначала / в конце

przyjaciel / wróg

друг / враг

pełen / pusty

полный / пустой

twardy / miękki

твёрдый / мягкий

ciężki / lekki

тяжёлый / легкий

głód / pragnienie

голод / жажда

chory / zdrowy

больной / здоровый

nielegalny / legalny

незаконный / законный

inteligentny / głupi

умный / глупый

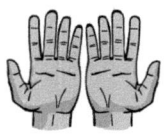

lewo / prawo

слева / справа

bliski / daleki

близко / далеко

nowy / używany

новый / подержанный

nic / coś

ничто / нечто

stary / młody

старый / молодой

włącz / wyłącz

включено / выключено

otwarty / zamknięty

открыто / закрыто

cichy / głośny

тихо / громко

bogaty / biedny

богатый / бедный

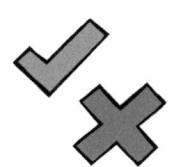

prawidłowy / błędny

правильный /
неправильный

chropowaty / gładki

шероховатый / гладкий

smutny / szczęśliwy

печальный / счастливый

krótki / długi

короткий / длинный

powolny / szybki

медленный / быстрый

mokry/suchy

мокрый / сухой

ciepły / chłodny

тёплый / прохладный

wojna / pokój

война / мир

0

zero

ноль

1

jeden

один

2

dwa

два

3

trzy

три

4

cztery

четыре

5

pięć

пять

6

sześć

шесть

7

siedem

семь

8

osiem

восемь

9

dziewięć

девять

10

dziesięć

десять

11

jedenaście

одиннадцать

12

dwanaście

двенадцать

13

trzynaście

тринадцать

14

czternaście

четырнадцать

15

piętnaście

пятнадцать

16

szesnaście

шестнадцать

17

siedemnaście

семнадцать

18

osiemnaście

восемнадцать

19

dziewiętnaście

девятнадцать

20

dwadzieścia

двадцать

100

sto

сто

1.000

tysiąc

тысяча

1.000.000

milion

миллион

Angielski

английский

Angielski amerykański

американский английский

Chiński mandaryński

мандаринский китайский

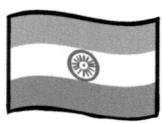

Hindi

хинди

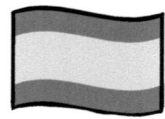

Hiszpański

испанский

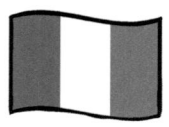

Francuski

французский

Arabski

арабский

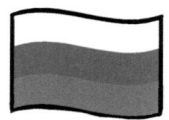

Rosyjski

русский

Portugalski

португальский

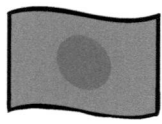

Bengalski

бенгальский

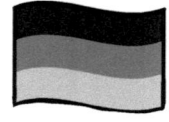

Niemiecki

немецкий

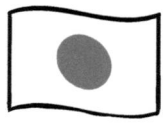

Japoński

японский

ja

я

ty

ты

on / ona / ono

он / она / оно

my

мы

wy

вы

oni

они

kto?

кто?

co?

что?

jak?

как?

gdzie?

где?

kiedy?

когда?

Nazwisko

имя

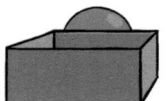

za
....
за

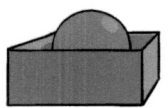

w
....
в

przed
....
перед

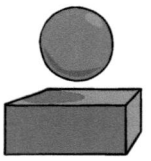

powyżej
....
над

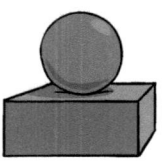

na
....
на

pod
....
под

obok
....
рядом

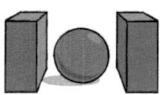

między
....
между

Miejsce
....
место